El Negocio Bancario

Henry Allen

Página de Derechos de Autor

Editora: Univon

Año de Lanzamiento 2025

Indice

Los Bancos No Venden Dinero, Venden Deuda

¿Alguna vez te has preguntado cómo ganan dinero los bancos? A simple vista, pareciera que venden dinero. Te prestan cierta cantidad y tú se la devuelves con intereses. Fin de la historia. Pero esa es solo la superficie del juego. La verdad es que los bancos no venden dinero, lo que realmente venden es deuda. Y ese pequeño detalle lo cambia todo. Cambia cómo los ves, cómo te relacionas con ellos y, lo más importante, cómo puedes usarlos a tu favor para hacerte rico si entiendes bien las reglas.

Cuando alguien piensa en un banco, suele imaginar un lugar donde guardas tu dinero para que esté seguro. Pero eso es una ilusión. Lo que realmente haces cuando depositas dinero en el banco es prestárselo. Sí, el banco no guarda tu dinero en una caja fuerte esperando a que lo necesites. Lo toma, lo multiplica, y lo presta a otros. Y no lo presta una sola vez, lo presta muchas veces. El sistema que lo permite se llama "reserva fraccionaria". En palabras simples, si tú depositas 1.000 dólares, el banco solo está obligado a guardar una pequeña fracción, por ejemplo, 100, y puede prestar los otros 900. Pero lo interesante es que ese dinero prestado vuelve al sistema. Si el que recibió los 900 los deposita en otro banco, ese nuevo banco puede guardar solo una parte y volver a prestar el resto. Así, de repente, esos 1.000 iniciales se convierten en 10.000 o más en préstamos circulando. El banco ha creado deuda nueva a partir de la nada, solo por el hecho de que alguien confía en el sistema y deja su dinero ahí.

Esto no es malo, es simplemente cómo funciona. El problema es que nadie te lo explica así. Nadie te dice que cuando vas a pedir un préstamo, no estás comprando dinero, estás comprando deuda. Y esa deuda es un producto. Uno que se empaqueta, se vende, se revende, se asegura, y hasta se transforma en instrumentos financieros para inversionistas de todo el mundo. Para el banco, tú no eres una persona que necesita ayuda financiera. Eres un cliente que está comprando un producto: una deuda que generarás con tus pagos mensuales, y que, si lo haces bien, pagará mucho más de lo que pediste. Para el banco, ese flujo de pagos es lo valioso.

Imagina que un banco te presta 100.000 dólares para comprar una casa. Tú piensas que te han hecho un favor. Pero al banco no le costó nada crear ese dinero. Lo digitó en una cuenta y listo. Y tú, con mucho esfuerzo, pasarás los próximos 20 o 30 años devolviéndolo, más otros 50.000 o 70.000 en intereses. Para el banco, ese préstamo fue un negocio brillante. No vendieron algo tangible. Vendieron una promesa: la promesa de que tú te endeudarás con ellos y cumplirás con pagos durante décadas.

Por eso, los bancos aman a los deudores responsables. No al que tiene mucho dinero y no necesita préstamos. Ellos hacen dinero con la deuda bien administrada. Les interesa más alguien que pide y paga, que alguien que nunca pide. Y aquí es donde entra la oportunidad para quienes quieren usar al banco como un socio, no como un enemigo. Si entiendes que lo que venden es deuda, puedes comenzar a comprar ese producto de forma estratégica. En vez de pedir dinero por necesidad, lo haces con inteligencia: tomas deuda buena que produce más dinero del que cuesta. Y así, en vez de trabajar para pagar deudas, haces que la deuda trabaje para ti.

Piénsalo como un empresario. Imagina que puedes pedir prestados 200.000 dólares al banco y los usas para comprar propiedades que te generen ingresos mensuales por arriendo. Si esos ingresos superan el pago mensual del préstamo, estás ganando. No usaste tu dinero, solo usaste el producto que el banco vende: deuda. Tú compraste deuda, pero la transformaste en ingreso. Y lo mejor: el banco está feliz, porque tú estás pagando cada mes. Para ellos, eres un cliente ideal. Pero tú también ganas. Es una relación donde ambos ganan, si sabes jugar el juego.

El problema es que la mayoría solo ve la deuda como algo negativo. Porque así nos enseñaron. Deuda es mala, nos dijeron. Pero eso es porque la mayoría no sabe usarla. Es como el fuego: en manos de un niño, puede ser peligroso. En manos de un chef, crea maravillas. Si usas la deuda para comprar pasivos, como autos nuevos o viajes, te hundes. Pero si usas la deuda para adquirir activos que generan dinero, estás aprovechando exactamente el mismo sistema que hace ricos a los grandes empresarios y a los inversionistas.

Los bancos viven de la deuda. Viven de personas que, cada mes, cumplen con sus pagos. Por eso, cada vez que pides un préstamo y lo pagas bien, te vuelves más valioso para ellos. Tu historial crediticio se convierte en una carta de presentación. Y si aprendes a presentarte como una inversión confiable para el banco, el banco te dará más. Te verá como alguien que puede comprar más deuda. Y cada vez que compres deuda buena, estarás usando el negocio del banco para hacer crecer el tuyo.

Entonces, deja de pensar que el banco es un lugar para guardar tu dinero o para pedirlo cuando estás en apuros. Empieza a pensar como un inversionista. Mira la deuda como un producto. Uno que puedes comprar con inteligencia, y que puede ayudarte a construir riqueza si sabes cómo manejarlo. El banco no te presta dinero por lástima, lo hace porque tú estás comprando el producto que ellos venden. Y si aprendes a revender ese producto en forma de activos que te generan ingresos, estarás jugando el juego con sus propias reglas.

Recuerda esto siempre: el banco gana porque vende deuda. Y tú puedes ganar si aprendes a usar esa deuda como una herramienta de construcción, no como una trampa. No compres lo que no te da dinero. Compra deuda solo cuando puedas usarla para producir más de lo que te cuesta. Así es como piensan los ricos. Así es como operan los bancos. Y así es como tú también puedes comenzar a jugar en el mismo equipo, pero con tu propio objetivo: hacerte rico.

¿Qué Hacen Realmente los Bancos con Tu Dinero?

Cuando tú llevas tu dinero al banco y lo depositas en una cuenta, crees que ese dinero se queda allí, esperando pacientemente a que lo retires. Imaginas que está guardado en una caja fuerte o al menos en una computadora con tu nombre. Esa es la imagen que todos tenemos cuando pensamos en nuestras cuentas bancarias. Pero la realidad es muy distinta. Una vez que el dinero entra en el banco, ya no está allí como crees. No está guardado ni esperando. Está siendo usado. Está siendo multiplicado. Está trabajando... pero no necesariamente para ti.

Para entender qué hacen los bancos con tu dinero, tienes que imaginar algo más cercano a un negocio de compraventa que a una bóveda de seguridad. El banco toma el dinero que tú y millones de personas más depositan, y lo convierte en su materia prima. No lo deja quieto. Lo presta, lo mueve, lo reinvierte. Ese dinero se convierte en la base para que el banco haga dinero. Ellos no se enriquecen con los depósitos por sí solos, se enriquecen porque esos depósitos les permiten hacer más préstamos. Y cada préstamo genera intereses, comisiones y más negocios. Esa es la verdadera fuente de riqueza bancaria.

El sistema que permite todo esto se llama reserva fraccionaria. Es un concepto técnico, pero vamos a ponerlo fácil. Significa que el banco no está obligado a guardar todo el dinero que le depositas. Solo necesita mantener una pequeña fracción, una especie de "colchón" obligatorio. Por ejemplo, si depositas 1.000 dólares, el banco podría estar obligado a guardar solo 100. Los otros 900 los puede prestar. Pero lo interesante no termina ahí. Porque cuando alguien recibe esos 900 dólares prestados y los deposita en otro banco, ese segundo banco hace lo mismo: guarda una fracción mínima y vuelve a prestar el resto. Y así sucesivamente. Con ese mismo dinero inicial, los bancos pueden crear múltiples préstamos, una y otra vez. En resumen, están creando dinero nuevo basado en la deuda, no en dinero real.

Este proceso es completamente legal y es parte de cómo funciona la economía moderna. Es lo que permite que haya crédito disponible para comprar casas, financiar negocios o pagar estudios. Pero también significa que los bancos no tienen todo tu dinero físicamente disponible. Si todos los clientes de un banco fueran el mismo día a sacar todo su dinero, el banco colapsaría, porque no lo tiene. No porque se lo hayan robado, sino porque está prestado, invertido o circulando en otros lugares. Tu dinero está repartido en pedacitos por todas partes.

Además de prestar el dinero, los bancos también lo invierten. Compran bonos, acciones, instrumentos financieros. Buscan oportunidades donde puedan obtener un rendimiento. Tu dinero se convierte en una ficha más del tablero de inversión del banco. Ellos toman decisiones con él, siempre con la intención de generar más dinero para ellos. A ti te pagan intereses mínimos por tenerlo allí, si es que te pagan algo. Pero a cambio, lo están utilizando para generar intereses mucho más altos a través de préstamos, hipotecas, tarjetas de crédito y productos financieros para otros clientes.

Y aquí viene otro punto importante: el banco no te dice exactamente qué hace con tu dinero. Tú no puedes elegir si tu depósito se usa para financiar una casa, un negocio o una inversión en bolsa. Una vez lo entregas, pierdes ese control. Pero lo que sí puedes hacer es entender que el banco está haciendo dinero con él. Mucho dinero. Ellos ganan con tu pasividad. Mientras tú tienes tu cuenta ahorros como una especie de colchón por si acaso, ellos están usando ese colchón para construir edificios financieros que les generan millones.

Por eso, los bancos siempre te motivan a dejar tu dinero con ellos. Te ofrecen seguridad, comodidad, transferencias fáciles. Te dan una tarjeta para sentirte en control. Pero el verdadero control lo tienen ellos. Tu dinero es su combustible. Y cuanto más combustible tengan, más pueden crecer, prestar e invertir. De hecho, en la estructura del banco, los depósitos son vistos como pasivos, pero también como herramientas poderosas para generar activos. Es un juego contable que les permite ganar siempre que se mantenga la confianza del público. Porque eso es lo único que sostiene todo este sistema: la confianza.

Cuando sabes todo esto, cambia tu relación con el banco. Entiendes que, aunque parezca que te están cuidando tu dinero, lo que realmente hacen es usarlo para sus propios fines. No está mal. Es su negocio. Pero tú también puedes aprender a jugar este juego. Puedes dejar de ver al banco como un guardián de tu dinero y empezar a verlo como un socio al que le puedes sacar provecho. Puedes aprender a tomar préstamos que generen más dinero del que cuestan, tal como ellos hacen con tus depósitos. Puedes crear tu propia estrategia donde el banco te sirva a ti, no al revés.

La clave está en dejar de ser pasivo. Dejar de pensar que tener dinero en el banco es la meta. Tenerlo parado allí solo beneficia a uno: al banco. Tú no te haces rico con eso. Lo que te enriquece es saber cómo se mueve el dinero, cómo lo usan los bancos, y cómo puedes hacer lo mismo. Y todo comienza por entender este principio básico: el banco no guarda tu dinero, lo pone a trabajar. Pero no para ti. Lo hace para ellos. A menos que tú también aprendas a hacer lo mismo.

Entonces, la próxima vez que deposites dinero, hazlo sabiendo que estás participando en un sistema donde tu dinero se transforma en una herramienta. Piensa como un inversionista, no como un simple ahorrador. Observa cómo el banco gana, y copia su modelo. No necesitas ser millonario para empezar, solo necesitas entender cómo se mueve realmente el dinero detrás de esas puertas de vidrio y mármol. Porque una vez que lo entiendes, puedes dejar de ser solo un cliente... y comenzar a jugar como un verdadero socio.

El Poder Oculto del Apalancamiento Financiero

La mayoría de las personas crece con la idea de que para ganar dinero primero hay que tener dinero. Te enseñan que debes ahorrar, trabajar duro y poco a poco construir tu patrimonio. Y aunque esa mentalidad tiene algo de verdad, también tiene una enorme limitación: es lenta, y en muchos casos, insuficiente. Porque en un mundo donde los precios suben, donde las oportunidades aparecen y desaparecen rápido, ahorrar para invertir puede tomarte años, mientras otros ya están construyendo imperios. ¿La diferencia? Ellos usan una herramienta que parece mágica, pero no lo es. Se llama apalancamiento financiero.

El apalancamiento es simple de entender: es usar el dinero de otros para hacer crecer el tuyo. Y el mejor ejemplo de cómo funciona lo encuentras en los bancos. Ellos viven del apalancamiento. Usan el dinero que no es suyo, el dinero de los depositantes, y lo prestan con intereses, una y otra vez. Pero aquí viene lo interesante: tú también puedes hacer lo mismo. Puedes usar el dinero del banco para construir tu negocio, comprar una propiedad, financiar una inversión que te dé más de lo que cuesta el préstamo. En lugar de trabajar años para reunir el capital, puedes acceder a él con inteligencia, y hacerlo rendir como si fuera propio.

Imagina esto: quieres comprar una propiedad que cuesta 100.000 dólares. Podrías pasar años ahorrando, cortando gastos, sacrificando tu estilo de vida, para llegar a esa cifra. O podrías usar apalancamiento. Pides un préstamo al banco, das un 20% como entrada y financias el resto. Eso significa que con solo 20.000 dólares puedes controlar un activo de 100.000. Y si esa propiedad se arrienda por más de lo que pagas al banco cada mes, ya estás generando ingresos. Estás usando el dinero de otros, no el tuyo, para generar riqueza. Eso es el poder del apalancamiento. Multiplica tus posibilidades sin necesidad de tener todo el capital.

Ahora, es importante aclarar algo: el apalancamiento no es magia. No es algo que funcione solo porque sí. Es una herramienta, y como cualquier herramienta, mal usada puede causar daños. Por eso muchas personas le tienen miedo. Porque han visto casos donde la deuda se vuelve una carga, donde los intereses se comen los ingresos, donde los riesgos se convierten en pérdidas. Pero no es culpa del apalancamiento. Es culpa de no saber usarlo. Es como un cuchillo de cocina: en manos de un chef, crea platos increíbles. En manos inexpertas, puede cortar donde no debe.

El secreto está en usar el apalancamiento solo para adquirir activos que generen dinero. Nunca para comprar cosas que pierden valor. No pides un préstamo para comprar un auto de lujo que se deprecia. Pides un préstamo para adquirir una propiedad que te pague todos los meses. No usas la tarjeta de crédito para ir de vacaciones, sino para financiar un inventario que sabes que vas a vender con ganancia. El apalancamiento inteligente es el que te permite ganar más de lo que te cuesta la deuda. Y cuando logras eso, no importa si el dinero no es tuyo. La rentabilidad es tuya, y es real.

Hay algo poderoso en esta idea: no necesitas tener dinero para empezar a construir riqueza. Lo que necesitas es acceso a capital y un plan sólido para usarlo bien. Y eso es exactamente lo que hacen los grandes empresarios. ¿Cómo crees que se construyen los centros comerciales, los edificios, las cadenas de negocios? No es con dinero ahorrado por décadas. Es con apalancamiento. Son préstamos, inversionistas, bancos, fondos. Es dinero prestado, estratégicamente colocado para multiplicarse. Y si ellos pueden hacerlo, tú también puedes. Solo necesitas pensar como empresario, no como empleado.

Y aquí es donde mucha gente se queda atrás. Porque están tan acostumbrados a trabajar por dinero que no se les ocurre que el dinero puede trabajar para ellos, incluso si no es suyo. Creen que pedir dinero prestado es solo para cuando estás en problemas. Pero los ricos no lo ven así. Ellos piden dinero cuando ven una oportunidad. No temen a la deuda si esa deuda está asociada a ingresos. Saben que el interés que pagan es el costo de acelerar el crecimiento. Y prefieren pagar ese costo, que esperar 10 años para tener el capital necesario.

Además, el apalancamiento tiene un efecto multiplicador que el ahorro jamás podrá darte. Si tú inviertes tus 20.000 dólares, podrías tener una pequeña ganancia. Pero si esos 20.000 te permiten controlar un activo de 100.000, y ese activo se valoriza o genera ingresos, tu ganancia es mucho mayor en relación con lo que pusiste. Esa es la clave. Estás generando retorno sobre algo más grande que tu inversión inicial. Es como usar una palanca: con poco esfuerzo, puedes mover algo mucho más pesado. De ahí viene el nombre.

Pero ojo, esto requiere disciplina y visión. No puedes caer en el error de apalancarte sin saber en qué estás metido. No puedes tomar deuda solo porque te la ofrecen. Tienes que calcular, planear, evaluar riesgos. Tienes que aprender a pensar como los bancos: ¿este dinero que voy a prestar, me va a devolver más de lo que me costará? Si la respuesta es sí, adelante. Si la respuesta es no, entonces no estás listo para ese movimiento.

Al final, el apalancamiento financiero no es un secreto oculto en realidad, pero sí es un poder escondido para la mayoría de las personas. Porque no se enseña en la escuela. No te lo explican en casa. Es un conocimiento que tienen los que están detrás de los grandes proyectos. Y ahora tú también puedes tenerlo. No necesitas esperar a tener mucho dinero para empezar. Solo necesitas entender cómo usar el dinero de otros para construir activos que trabajen para ti. Porque si algo debes recordar es esto: el dinero tiene un costo, pero también tiene un potencial. Y si lo sabes usar bien, ese potencial puede cambiar tu vida para siempre.

El Cliente Rico vs. el Cliente Pobre

En el mundo bancario, no todos los clientes son iguales. Aunque todos podemos entrar a una sucursal, abrir una cuenta y recibir una sonrisa del cajero, la verdad es que hay una diferencia enorme entre cómo se trata al cliente pobre y al cliente rico. No es solo una cuestión de dinero en la cuenta, es una cuestión de cómo cada uno usa al banco, cómo lo entiende y cómo lo convierte en una herramienta. Mientras el cliente pobre ve al banco como un lugar donde guarda su dinero, el cliente rico lo ve como un aliado estratégico para multiplicarlo. Esa diferencia lo cambia todo.

El cliente pobre suele tener una cuenta de ahorros, una tarjeta de débito y quizás una tarjeta de crédito con un cupo pequeño. Su relación con el banco es de respeto, a veces de miedo. Tiene la mentalidad de que endeudarse es peligroso, que lo mejor es no deber nada a nadie, que ahorrar es lo más seguro. Deposita su salario, paga sus cuentas y trata de no usar la tarjeta para evitar intereses. Si llega a pedir un préstamo, lo hace con temor, y lo paga lo más rápido posible porque piensa que la deuda es una trampa. Su meta es estar "al día" y no tener problemas. Pero rara vez usa al banco para avanzar económicamente.

El cliente rico, por el contrario, tiene una relación completamente diferente. Él no deposita su dinero para que esté "seguro", sino para moverlo. Tiene cuentas que generan intereses, fondos de inversión, líneas de crédito, múltiples tarjetas y, sobre todo, tiene acceso a financiamiento grande. Pero lo más importante no es lo que tiene, sino cómo lo usa. Sabe que el banco es una fuente de dinero barato si se sabe usar. Sabe que endeudarse no es malo si esa deuda financia algo que genera más dinero del que cuesta. El cliente rico toma préstamos, no para sobrevivir, sino para multiplicar. Y eso lo convierte en un socio del banco, no en un simple usuario.

Hay algo clave que el cliente rico entiende: los bancos quieren clientes que les hagan ganar dinero. No clientes que simplemente guarden su sueldo cada mes. Por eso, cuando un cliente rico pide una línea de crédito, el banco lo atiende con prioridad. Le ofrecen tasas más bajas, condiciones más flexibles, asesoría personalizada. No porque sea buena persona, sino porque el banco sabe que con ese cliente va a ganar. Es un cliente que mueve grandes cantidades, que pide préstamos y los paga, que invierte, que hace crecer el dinero. Y mientras más lo hace, más puertas se le abren.

En cambio, el cliente pobre, aunque sea puntual, aunque nunca se atrase, no genera ganancias significativas para el banco. De hecho, muchas veces le cobran por tener la cuenta, por usarla, por hacer transferencias. Le ofrecen préstamos con intereses más altos, tarjetas con costos anuales, comisiones por casi todo. El sistema está diseñado para que quien no sepa usarlo, pague más. Y lo más triste es que ese cliente muchas veces cree que está actuando de forma responsable, cuando en realidad está atrapado en un ciclo donde nunca podrá crecer. Está pagando por usar el sistema, mientras otros ganan dinero gracias a él.

La diferencia entre estos dos tipos de cliente no está en la cantidad de dinero con la que comenzaron, sino en su mentalidad. El cliente rico estudió cómo funciona el sistema financiero. Aprendió a jugar con las reglas del banco a su favor. Entendió que tener acceso al crédito es una ventaja, no una carga, siempre que se use con inteligencia. Vio que podía construir activos con dinero prestado, y que los ingresos de esos activos podían pagar las deudas y dejarle ganancias. No se enfocó en no deber nada, se enfocó en construir algo que le permitiera vivir mejor. Usó la deuda como una herramienta, no como una amenaza.

El cliente pobre, en cambio, muchas veces repite ideas que escuchó de otros que también estaban atrapados. Cree que todo préstamo es malo, que los ricos lo son porque nacieron con suerte, que ahorrar es la única forma segura de avanzar. Y esa forma de pensar lo mantiene pequeño. Incluso cuando tiene oportunidades de apalancamiento, las rechaza por miedo. Incluso cuando tiene acceso a una tarjeta o un crédito, lo usa mal, comprando cosas que no le generan ingresos. Y luego se queja del banco, sin ver que el problema no es la institución, sino el desconocimiento de cómo usarla.

Pero lo más poderoso de esta comparación es entender que cualquiera puede cambiar de mentalidad. No necesitas nacer rico para pensar como rico. Puedes comenzar hoy a estudiar cómo se mueven las finanzas, cómo operan los bancos, cómo usar la deuda para generar ingresos. Puedes empezar a ver tu cuenta bancaria como una herramienta de crecimiento, no como una caja fuerte. Puedes dejar de temerle al crédito y aprender a usarlo a tu favor. Puedes convertirte en un cliente que el banco busca, que el banco valora, porque sabe que contigo va a ganar. Y si tú ganas también, entonces es una relación poderosa.

Lo cierto es que el banco no hace diferencias por simpatía. Hace diferencias por rentabilidad. Y tú puedes volverte un cliente rentable si dejas de pensar como alguien que guarda dinero, y empiezas a actuar como alguien que lo hace crecer. Cambiar tu relación con el banco es cambiar tu relación con el dinero. Y cuando lo haces, ya no eres más un espectador del sistema financiero. Te conviertes en un jugador activo, estratégico, que sabe cómo avanzar. Y eso, en el mundo real, marca toda la diferencia entre seguir sobreviviendo... o empezar a construir riqueza.

Cómo Hacer que el Banco Trabaje Para Ti

La mayoría de las personas piensa que ellas trabajan para el banco. Trabajan para pagar su hipoteca, su crédito de consumo, su tarjeta de crédito. Se esfuerzan mes a mes para no atrasarse, para no quedar mal, para evitar intereses altos y llamadas de cobranza. Es como si el banco fuera su jefe silencioso, ese que les dice cuánto pueden gastar, cómo deben vivir, qué pueden y qué no pueden hacer con su dinero. Pero la verdad es que también existe otra forma de vivir: haciendo que el banco trabaje para ti. Y eso, aunque parezca lejano, es completamente posible si entiendes las reglas del juego.

Primero, hay que entender que el banco es una herramienta, no un enemigo. No está hecho solo para cobrarte, también está hecho para ayudarte a crecer, si sabes cómo pedirlo. El banco tiene un recurso que tú puedes usar: dinero. Y está dispuesto a prestártelo si cumples ciertas condiciones. Es como un socio que te puede financiar tus ideas, tus negocios, tus inversiones. Pero, como cualquier socio, no lo hará por caridad. Quiere que tú ganes, sí, pero solo si eso significa que él también ganará contigo. Así que la clave para hacer que el banco trabaje para ti, es ofrecerle una razón sólida para confiar en ti.

Uno de los errores más comunes es ver el banco solo como un lugar para guardar dinero. Depositas tu sueldo, sacas efectivo, haces pagos, y nada más. Eso es como tener una computadora carísima solo para usarla como calculadora. El banco tiene productos financieros, herramientas, accesos que pueden cambiar completamente tu situación económica si los sabes usar. Puedes acceder a créditos para invertir, a líneas de financiamiento para crecer tu negocio, a hipotecas para adquirir propiedades que te generen ingresos mensuales. Pero para llegar ahí, debes construir una relación con el banco. No se trata de caerle bien al gerente, se trata de construir un historial.

¿Cómo se construye esa relación? Con estrategia. Abre una cuenta corriente si aún no la tienes. Usa una tarjeta de crédito, aunque sea con pequeños montos, y págala siempre a tiempo. Muestra que sabes manejar tu dinero. Si tienes un ingreso estable, declaralo, regístralo, hazlo visible.

Todo eso te convierte en un cliente confiable, y los bancos aman a los clientes confiables. A los pocos meses, puedes empezar a solicitar aumentos de cupo, nuevas líneas de crédito, incluso un préstamo pequeño. No para gastar en cosas sin valor, sino para invertir en algo que te devuelva más de lo que pagaste.

Supongamos que tienes un pequeño negocio. Puedes usar el banco para hacer que crezca. No necesitas esperar a tener todo el dinero. Si puedes demostrar que tu negocio tiene ingresos, que es real, que está en marcha, puedes solicitar un crédito para expandirte. Quizás comprar más inventario, mejorar tu local, invertir en publicidad. Y si ese préstamo genera más ventas, entonces el banco literalmente trabajó para ti. Te prestó dinero, tú lo multiplicaste, pagaste la deuda, y además te quedaste con ganancias. Eso es usar el banco como palanca de crecimiento, no como una carga.

También puedes hacerlo con bienes raíces. En lugar de ahorrar durante años para comprar una casa, puedes usar el crédito hipotecario. El banco te presta el dinero, tú das una entrada y compras una propiedad.

Si esa propiedad se arrienda por más de lo que pagas al banco, tienes un ingreso pasivo. Y lo mejor es que tú no pusiste todo el dinero. El banco lo hizo. Trabajó para ti. Claro, tú hiciste el análisis, tomaste el riesgo, manejaste la inversión, pero el dinero inicial vino de otro lado. Esa es la diferencia entre pensar como un consumidor y pensar como un inversionista.

Otra forma de usar al banco a tu favor es negociando. La mayoría no sabe que los bancos están dispuestos a negociar. Si tú eres un buen cliente, puedes pedir mejores tasas, eliminar comisiones, ampliar plazos, incluso reestructurar tus deudas en mejores condiciones. Pero eso solo lo consigues si sabes lo que estás haciendo, si conoces tus derechos y si has construido una buena reputación con ellos. El banco, como cualquier empresa, quiere clientes rentables. Si tú les demuestras que lo eres, te tratarán como tal. Y entonces las puertas que parecían cerradas, se abren.

Algo importante que debes entender es que el banco no crea dinero. El dinero que presta viene, en gran parte, de otras personas. De los depósitos de otros clientes, de fondos de inversión, de capital que está esperando moverse. Eso significa que el banco necesita prestarlo para ganar. No quiere que el dinero esté quieto. Quiere moverlo, multiplicarlo. Y si tú le das una buena razón para hacerlo contigo, lo hará. Pero esa razón debe venir acompañada de un plan. No basta con querer dinero, hay que saber para qué lo vas a usar y cómo lo vas a devolver.

Por eso, la educación financiera es clave. No necesitas ser un experto en economía, pero sí debes entender conceptos básicos: qué es una tasa de interés, qué significa un crédito a largo plazo, qué diferencia hay entre una deuda buena y una mala. Debes saber leer los estados de cuenta, entender tus flujos de ingreso y egreso, calcular si una inversión realmente vale la pena. Cuando tú manejas esa información, el banco deja de ser un misterio. Se vuelve predecible, manejable, útil. Se convierte en una herramienta poderosa en tus manos.

Y aquí viene la parte más interesante: una vez que logras usar al banco a tu favor una vez, todo se vuelve más fácil. Si invertiste bien un crédito y lo pagaste sin problema, el banco te ofrecerá más. Si mostraste resultados, te ofrecerán mejores condiciones. Y entonces el crecimiento se acelera. Ya no dependes solo de tu dinero, ni de tu esfuerzo físico. Ahora tienes una institución poderosa que te respalda, que te financia, que te da acceso a capital. Y eso es lo que hacen los ricos. No guardan el dinero, lo mueven. No temen a los bancos, los usan.

En resumen, hacer que el banco trabaje para ti es posible, pero requiere que dejes de verlo como un simple lugar donde guardas tu plata. Es una institución diseñada para mover dinero, para prestarlo, para hacerlo crecer. Si tú te posicionas como alguien que puede usar ese dinero con inteligencia, entonces el banco te buscará. Te ofrecerá productos, te abrirá puertas, te tratará como un socio. Y cuando eso pasa, ya no eres más una persona que le sirve al banco. El banco empieza a servirte a ti. Y ahí es donde comienza el verdadero juego del dinero.

Crédito Inteligente

Cuando la mayoría de las personas escucha la palabra "crédito", lo primero que piensa es en deuda, en problemas, en pagos mensuales, en intereses que te comen vivo. Y aunque eso puede pasar si se usa mal, la realidad es que el crédito es una herramienta poderosa, una de las más grandes que existen para crecer financieramente. El problema no es el crédito en sí, el problema es la falta de educación sobre cómo usarlo de forma inteligente. Un crédito mal usado puede hundirte. Pero un crédito bien usado puede lanzarte al siguiente nivel. Puede ser la palanca que necesitas para multiplicar tu dinero, acelerar tu camino y crear riqueza más rápido de lo que podrías lograr solo con tus ahorros.

Entonces, ¿qué es un crédito inteligente? Es aquel que se pide con un propósito claro, que tiene un plan detrás y que se paga sin dolor porque genera más dinero del que cuesta. Es, literalmente, usar el dinero del banco para que trabaje para ti. Por ejemplo, pedir un crédito para comprarte una televisión o para irte de vacaciones puede darte una satisfacción momentánea, pero eso no es crédito inteligente. Eso es crédito emocional, crédito impulsivo, crédito consumista. No te deja nada más que una deuda colgando y una emoción que se desvanece en semanas. En cambio, un crédito inteligente es aquel que usas para invertir en algo que te devuelve dinero, todos los meses o en el futuro cercano.

Veámoslo con un ejemplo práctico. Imagina que tienes la oportunidad de comprar una máquina que produce algún producto que puedes vender. Cuesta mil dólares. No los tienes ahorrados, pero sabes que esa máquina puede generar doscientos dólares mensuales en ventas. El banco te ofrece un crédito con cuotas de cien dólares al mes. Lo tomas, compras la máquina, produces, vendes, pagas la cuota y te quedan cien dólares de ganancia todos los meses. Cuando terminas de pagar, la máquina sigue siendo tuya, y esos doscientos dólares mensuales ahora son tuyos completamente. En ese escenario, usaste el crédito como una inversión, no como un gasto. Ese es el tipo de decisiones que construyen riqueza.

Otra forma de usar el crédito de forma inteligente es para apalancarte en el mercado inmobiliario. Los bienes raíces son uno de los vehículos más seguros y sólidos para generar ingresos pasivos y crear patrimonio. Supongamos que encuentras un apartamento con buen precio que puedes alquilar. El banco te presta el dinero para comprarlo, tú pones una entrada y cada mes pagas la cuota del crédito con el mismo dinero que te da el arrendatario. Tú no estás poniendo nada de tu bolsillo, pero estás ganando propiedad, generando renta y aprovechando la valorización del inmueble. Estás usando el crédito como una escalera que te permite subir sin hacer todo el esfuerzo tú solo.

Ahora bien, un crédito inteligente no se trata solo de en qué lo usas, también de cómo lo negocias. Muchas personas aceptan las condiciones del banco sin cuestionarlas. No piden mejores tasas, no comparan ofertas, no entienden bien los términos. Pero los bancos son negocios, no instituciones de beneficencia. Ellos quieren prestarte, pero lo harán bajo sus reglas, a menos que tú sepas cómo jugar. Aprende a comparar tasas de interés, revisa el tipo de crédito que te conviene más según el plazo, el monto, la finalidad. Si es para un negocio, busca créditos comerciales. Si es para una inversión inmobiliaria, negocia una hipoteca con tasa fija. Todo eso hace la diferencia entre ganar dinero o ahogarte en pagos.

El crédito inteligente también tiene que ver con el momento en que lo tomas. No se trata de vivir endeudado todo el tiempo, se trata de elegir el momento justo. No tomes un crédito cuando estás en crisis, desesperado o sin planes. Ese es el peor momento. El mejor momento es cuando ya tienes una oportunidad en marcha, cuando hiciste los cálculos, cuando puedes ver con claridad cómo ese crédito te va a beneficiar y cómo lo vas a pagar sin problemas. Es como subirse a una bicicleta en bajada: la velocidad te ayuda. Pero si lo haces cuesta arriba y sin aire, solo te vas a cansar más rápido.

También es importante entender que el crédito no debe usarse como una solución mágica. No es una salvación instantánea. No va a cambiar tu vida por sí solo. Es una herramienta, y como cualquier herramienta, funciona si tú la manejas bien. Un martillo puede construir una casa o puede destruir una ventana. Lo mismo con el crédito. Si lo usas con inteligencia, con estrategia, con visión, puede construirte un patrimonio, un negocio, una nueva vida financiera. Pero si lo usas por impulso, sin calcular, sin saber, puede destruir tu tranquilidad, tu reputación y tu capacidad de crecer.

Por eso es vital que antes de pedir cualquier crédito, te hagas algunas preguntas clave. ¿Para qué quiero este dinero? ¿Esto me va a generar más de lo que me cuesta? ¿Puedo pagarlo sin comprometer mis finanzas personales? ¿Estoy invirtiendo o simplemente comprando por deseo? Si las respuestas son claras y positivas, entonces estás ante una buena oportunidad de crédito. Si no lo están, espera. Infórmate más. Ajusta tu plan. O simplemente no tomes el crédito. Porque a veces, el crédito más inteligente es el que decides no usar.

Finalmente, hay una idea poderosa que debes recordar siempre: la gente rica no le teme al crédito, lo domina. Sabe usarlo como una palanca para crecer, para ganar más, para avanzar más rápido. La gente pobre, en cambio, suele usar el crédito para sobrevivir, para tapar huecos, para consumir lo que no puede pagar. Esa diferencia en la forma de pensar es la clave de todo. No es cuánto ganas, es cómo usas lo que tienes. Si aprendes a usar el crédito con inteligencia, con propósito y con estrategia, el dinero del banco no será una carga, será un aliado. Y cuando el crédito trabaja para ti, el camino hacia la libertad financiera se acorta, se acelera y se vuelve real.

La Fórmula del Apalancamiento Bancario para Multiplicar tu Patrimonio

Multiplicar tu patrimonio no tiene que ser un sueño lejano, reservado solo para los ricos. De hecho, hay una fórmula clara, lógica y poderosa que muchas personas no conocen o no se atreven a usar: el apalancamiento bancario. Y aunque suene complicado, no lo es. Es simplemente usar el dinero del banco, en lugar del tuyo, para adquirir activos que aumentan de valor o generan ingresos. En otras palabras, es crecer más rápido sin tener que poner todo de tu bolsillo. Es como si te subieras a los hombros de un gigante para alcanzar lo que, por tu cuenta, te tomaría años lograr.

La clave está en entender que los bancos están llenos de dinero. Dinero que no es de ellos. Es de sus clientes, pero que ellos prestan como si fuera suyo. Ese dinero está buscando ser invertido. Los bancos lo prestan y cobran intereses por ello. Tú puedes ser uno de esos receptores, no para malgastarlo, sino para hacer que te genere más dinero del que te cuesta. Esa es la base del apalancamiento: usar deuda buena para adquirir activos buenos.

Imaginemos un ejemplo simple. Supongamos que tienes diez mil dólares ahorrados. Puedes usar ese dinero para comprar algo en efectivo. Pero si usas ese dinero como entrada para pedir al banco un préstamo de noventa mil dólares más, ahora tienes cien mil dólares para invertir. Con esos cien mil, puedes comprar una propiedad de renta, o incluso dos pequeñas. Esas propiedades generan ingresos cada mes, te pagan el préstamo, y aún te dejan algo de ganancia. Y al pasar los años, las propiedades aumentan de valor. Cuando terminas de pagarle al banco, tú te quedas con el activo completo. Tu inversión inicial fue de diez mil, pero ahora tienes un patrimonio que vale mucho más. Eso es multiplicar.

Esa es la fórmula: poco capital propio más deuda buena igual a multiplicación de patrimonio. Pero la clave es que la deuda sea buena. Es decir, que esté bien calculada, que puedas pagarla sin problemas, y que esté respaldada por un activo que genere dinero o que aumente su valor con el tiempo. La gente que no entiende esto piensa que endeudarse es malo. Y sí, endeudarse para comprar cosas que se deprecian o que no generan nada es una trampa. Pero endeudarse para adquirir activos es una estrategia de crecimiento. Es lo que hacen los grandes empresarios, los inversionistas exitosos, incluso las personas que han construido imperios desde cero.

La mayoría de las personas trabaja toda su vida para ahorrar e ir comprando cosas poco a poco. Lo hacen sin apalancamiento. Es un camino lento, lleno de esfuerzo y sacrificio. Pero el que entiende el juego del apalancamiento va más rápido. Porque no trabaja solo con su dinero. Usa el dinero de otros. Claro, no se trata de endeudarse por endeudarse. Se trata de tener una mente estratégica. Es como si jugaras ajedrez con dinero. Cada movimiento tiene que estar pensado para que la deuda trabaje para ti, no al revés.

El apalancamiento bancario también se puede aplicar en negocios. Supongamos que tienes una idea de negocio sólida, un plan claro y bien estructurado. Pero te falta el capital inicial. Puedes presentar tu proyecto al banco, pedir un préstamo, y arrancar. Si el negocio funciona bien, lo que ganas cubre las cuotas del banco y te deja ganancia. Has usado el dinero del banco como motor. Y cuando terminas de pagar, el negocio es tuyo, sin haber invertido todo el capital inicial de tu bolsillo.

Otra forma en que el apalancamiento multiplica tu patrimonio es a través del concepto de la valorización. Cuando compras un bien raíz con un préstamo, tú pagas una parte y el banco paga el resto. Pero con el paso del tiempo, el valor del bien puede aumentar significativamente. Supón que compraste una propiedad por cien mil dólares con una entrada de veinte mil, y cinco años después esa propiedad vale ciento cincuenta mil. Ese aumento de valor no fue sobre tus veinte mil, fue sobre los cien mil. Es decir, multiplicaste tu inversión original sin haber tenido que pagar todo de tu bolsillo. Ese crecimiento se llama retorno sobre el capital invertido, y cuando usas apalancamiento, ese retorno se dispara.

Eso sí, no hay que olvidar que el apalancamiento tiene dos caras. Así como puede hacerte crecer más rápido, también puede amplificar los errores. Por eso es vital hacer bien los números, entender los riesgos, tener un plan de contingencia y no enamorarse de ninguna inversión sin antes evaluarla fríamente. El apalancamiento funciona si tú mantienes el control. No se trata de apostar, sino de calcular. No se trata de correr riesgos innecesarios, sino de usar la lógica financiera a tu favor.

Los bancos están dispuestos a prestarte dinero si tú les das seguridad. Seguridad de que sabes lo que haces, de que tienes cómo pagar, de que el activo respalda el préstamo. Por eso, prepararte bien, educarte y saber presentar una buena propuesta es parte esencial del proceso. No es pedir por pedir. Es mostrar que tú entiendes el juego. Que no eres un cliente más, sino un socio estratégico que va a hacer buen uso del capital.

La fórmula del apalancamiento bancario está ahí, al alcance de todos. Pero pocos la ven. Pocos se atreven a usarla. Porque muchos siguen pensando que es mejor no deber nada, que es más seguro ir paso a paso, sin riesgos. Pero el crecimiento verdadero exige valentía, inteligencia y estrategia. Si aprendes a usar el dinero del banco como tu aliado, como tu trampolín, puedes escalar más alto y más rápido que la mayoría. No necesitas ser millonario para empezar. Solo necesitas entender la fórmula, respetar las reglas del juego y tener el coraje de actuar con cabeza fría y visión clara.

El dinero está circulando. El banco lo tiene. Alguien lo va a usar. La pregunta es: ¿lo usarás tú para multiplicar tu patrimonio, o dejarás que lo use otro mientras tú sigues esperando? El apalancamiento no es para todos, pero sí es para los que piensan diferente, para los que entienden que la libertad financiera no se alcanza solo con esfuerzo, sino también con estrategia. Esa es la diferencia entre trabajar por dinero o hacer que el dinero trabaje para ti. Esa es la verdadera fórmula.

Cómo Usar Hipotecas, Leasing y Préstamos Comerciales para Crecer

Una de las cosas más poderosas que puedes aprender en el mundo de las finanzas es cómo usar las herramientas del sistema a tu favor. Y tres de las herramientas más útiles que existen hoy son las hipotecas, el leasing y los préstamos comerciales. No son solo mecanismos para endeudarse, como muchos piensan. Son llaves. Llaves que, si las sabes usar con inteligencia, pueden abrirte las puertas del crecimiento acelerado, la expansión y la creación de patrimonio real. El problema es que la mayoría de la gente les tiene miedo porque no los entiende. Y lo que no se entiende, se rechaza. Pero aquí vamos a desenredar todo ese misterio para que puedas ver el poder que tienes frente a ti.

Empecemos por la hipoteca. Una hipoteca no es más que un préstamo grande que te da un banco para comprar una propiedad, generalmente una vivienda, dejando la misma propiedad como garantía. Es decir, el banco te presta el dinero, pero si no pagas, se queda con la propiedad. La mayoría de la gente usa las hipotecas para comprar la casa donde va a vivir, lo cual está bien si se hace con lógica. Pero los ricos usan las hipotecas de una manera más estratégica: para adquirir propiedades que generen ingresos. En lugar de usar su dinero para comprar una casa al contado, lo usan como entrada para conseguir una hipoteca que les permita comprar varios inmuebles que luego alquilan. Con ese alquiler pagan la cuota mensual y, además, obtienen flujo de efectivo positivo. Así hacen que la deuda trabaje para ellos.

Por ejemplo, imagina que tienes cincuenta mil dólares. Podrías comprarte una casa pequeña con ese dinero. Pero si los usas como entrada, podrías adquirir con hipotecas tres departamentos de alquiler de cien mil cada uno. Cada uno te genera ingresos mensuales. El alquiler paga la hipoteca, y tú conservas el activo. Con el tiempo, los departamentos se valorizan, las hipotecas se pagan solas y tú terminas con un patrimonio mucho mayor. Esa es la lógica de la hipoteca usada con inteligencia: adquirir activos que se pagan solos y crecen en valor.

Ahora hablemos del leasing. El leasing es una especie de alquiler con opción de compra. Es muy común en el mundo de los vehículos y también en bienes de capital, como maquinaria para empresas. En vez de comprar algo costoso al contado, lo alquilas por un periodo, pagas una cuota mensual, y al final puedes quedártelo pagando un valor residual. Es una forma inteligente de usar un bien sin comprometer mucho capital inicial. Esto es útil para emprendedores y empresarios que necesitan vehículos o máquinas, pero no tienen o no quieren usar todo su dinero de una sola vez.

Imagina que tienes una empresa de construcción. En lugar de comprar una retroexcavadora por cien mil dólares, haces un leasing. Pagas una entrada pequeña y cuotas mensuales mientras usas la máquina. El dinero que ganas con los trabajos que haces con esa máquina te permite cubrir las cuotas. Al final del contrato, puedes comprarla por un valor menor. Es decir, el activo se pagó solo gracias al trabajo que generó. Esto te permite crecer más rápido, tener mejores herramientas y competir a otro nivel, sin haber tenido que comprometer tu capital de manera inmediata.

Por último, están los préstamos comerciales. Estos préstamos están diseñados para negocios. No son préstamos personales ni de consumo. Son préstamos que se dan a empresas para crecer, comprar inventario, expandirse, contratar personal o adquirir activos productivos. Aquí la clave está en pedirlos solo cuando el dinero va a generar más dinero. No se trata de endeudarse para cubrir huecos, sino de hacerlo para escalar.

Por ejemplo, si tienes un restaurante y te va bien, puedes pedir un préstamo comercial para abrir una segunda sucursal. Usas parte del préstamo para adecuar el local, contratar personal, comprar equipos. Pero ya tienes un modelo probado, ya sabes cómo operar. El nuevo local empieza a generar ingresos. Si lo hiciste bien, pagas el préstamo sin problemas y ahora tienes dos restaurantes en lugar de uno. Tu facturación se duplicó, y tu presencia en el mercado creció. Eso es apalancamiento comercial.

Otra forma inteligente de usar préstamos comerciales es para comprar inventario a gran escala. A veces los proveedores ofrecen grandes descuentos si compras en volumen.

Si tú tienes acceso a crédito, puedes aprovechar esa oportunidad, comprar barato, vender a buen precio y sacar buena utilidad. Lo que otros no pueden hacer por falta de capital, tú sí puedes porque sabes cómo usar el crédito empresarial.

Ahora bien, para que todas estas herramientas funcionen a tu favor, hay algo fundamental: necesitas tener tus finanzas ordenadas y tu perfil bancario limpio. El banco no le presta a cualquiera. Necesitas demostrar que sabes manejar el dinero, que tienes ingresos estables, que puedes pagar. Tener estados financieros claros, un historial crediticio sano y un plan bien estructurado hace la diferencia. No basta con tener una buena idea, hay que demostrarla con números.

También es importante entender que todas estas herramientas tienen costo. Hay intereses, hay comisiones, hay condiciones. Pero si el dinero que obtienes con ellas te permite generar más de lo que te cuesta, entonces el costo es una inversión. Aquí es donde entra la mentalidad financiera. No ves el interés como un gasto, lo ves como el precio de una oportunidad que no tendrías sin apalancamiento.

Usar hipotecas, leasing y préstamos comerciales no te hace esclavo del banco. Te hace socio del banco, si sabes cómo manejarlo. El banco pone el dinero, tú pones la estrategia. Y si ambos ganan, el sistema funciona. El problema está cuando se pide dinero sin saber qué hacer con él. Cuando se toma deuda para tapar huecos, para aparentar, para gastar en cosas que no producen. Pero cuando la deuda está dirigida a generar más valor, más flujo, más crecimiento, entonces se convierte en tu mejor aliada.

Lo que tienes que entender es que el crecimiento verdadero muchas veces no se logra solo con tus propios recursos. El dinero ajeno, usado con inteligencia, puede acelerar tu camino. Y los bancos están llenos de dinero esperando a ser prestado. El leasing te da herramientas que no podrías comprar de inmediato. Las hipotecas te dan acceso a propiedades que generan riqueza a largo plazo. Y los préstamos comerciales te dan músculo para competir, innovar y escalar.

Si aprendes a usarlos con cabeza fría, con números claros y con visión de futuro, dejarás de ser alguien que teme endeudarse y te convertirás en alguien que usa el sistema para construir. Porque el sistema ya existe. Ya funciona. Solo falta que tú aprendas a navegarlo. Y cuando lo haces bien, no solo creces, multiplicas. Y no solo construyes negocios, construyes libertad.

El Arte de Pedir Dinero al Banco (y que te lo Den)

Pedir dinero al banco puede parecer algo sencillo. Uno entra, solicita un préstamo, entrega algunos papeles, y espera una respuesta. Pero la realidad es muy distinta. Pedir dinero al banco y que te lo den no es un asunto de suerte ni de simpatía. Es un arte. Un proceso estratégico que mezcla preparación, percepción y presentación. Si no lo haces bien, te cierran la puerta. Pero si lo haces como un profesional, no solo te prestan, te respetan. Porque los bancos, aunque no lo parezca, quieren prestar dinero. Esa es su manera de ganar. El problema es que no se lo prestan a cualquiera. Quieren hacerlo, pero solo si creen que van a recuperarlo, con intereses. Por eso, aprender a pedir dinero de forma inteligente es una habilidad que puede marcar la diferencia entre crecer o estancarte.

El primer paso para que un banco te preste dinero es entender que no te están haciendo un favor. Están haciendo un negocio. Ellos ganan si tú les pagas cada cuota, cada mes, con sus intereses bien calculados. El banco es una empresa. No siente. No le importa tu historia de vida ni tus sueños. Le importan los números, el riesgo y la probabilidad de que le devuelvas lo que te da. Si tú no puedes hablar su idioma, no te entienden, y no te prestan. Así de simple.

Entonces, lo primero que necesitas es construir una buena reputación financiera. Esto empieza mucho antes de pedir el préstamo. De hecho, empieza incluso antes de que necesites dinero. Significa tener cuentas bancarias activas, movimientos regulares, pagos puntuales y cero deudas vencidas. Todo lo que haces con tu dinero queda registrado, y los bancos analizan ese comportamiento. Si ven orden, te consideran confiable. Si ven caos, te consideran riesgoso. Y créeme, los bancos odian el riesgo.

Otro punto clave es tu historial crediticio. Esto es como tu hoja de vida en el mundo del dinero. Cada préstamo, tarjeta, cuota, servicio, todo cuenta. Si alguna vez dejaste de pagar algo, eso aparece. Si pagaste a tiempo siempre, también. Tener un buen historial te abre puertas. Tener un mal historial las cierra sin darte la oportunidad de explicarte. Así que antes de pedir, revisa tu historial. Asegúrate de que esté limpio y bien puntuado. Si no lo está, tu prioridad debe ser arreglarlo antes de sentarte frente al banquero.

Ahora bien, llega el momento de hacer la solicitud. Aquí es donde muchas personas fracasan, no porque no califiquen, sino porque no saben presentar bien su caso. Pedir dinero al banco es como presentar un proyecto de inversión. Tienes que explicar exactamente para qué quieres el dinero, cómo vas a usarlo, cuánto esperas ganar y cómo vas a pagar. No basta con decir "quiero abrir un negocio". Eso no es suficiente. Tienes que mostrar el negocio, explicar los costos, los ingresos, los márgenes, el flujo de caja, el plan de pagos. Entre más claro seas, más confianza generas.

Imagina que quieres abrir una cafetería. No digas solo "quiero cien mil dólares para un local". Prepara un documento que explique que ya tienes un local identificado, cuánto cuesta el arriendo, cuánto invertirás en mobiliario, cuánto esperas vender por día, cuál será tu margen por café vendido, cómo te vas a promocionar, quién es tu competencia, qué haces diferente, en qué mes esperas empezar a tener ganancias, y en qué fecha devolverás el dinero. Eso es lo que el banco quiere ver: claridad, datos, control, responsabilidad.

Un consejo muy importante es que no pidas más dinero del que realmente necesitas. Muchos creen que pedir más los hará ver ambiciosos o importantes, pero en realidad genera dudas. El banco no quiere darte dinero extra para que lo guardes o lo uses mal. Quiere saber que cada dólar que pide tiene un propósito justificado. Si necesitas ochenta mil, no pidas cien por si acaso. Pide ochenta y explica por qué esa es la cifra justa. Eso habla de control y buena administración.

Otro punto que los bancos valoran mucho es el capital propio. Cuando tú también pones dinero en el proyecto, el banco entiende que te estás arriesgando. Que tienes algo que perder. Eso les da seguridad. No quieren prestarle a alguien que no tiene nada en juego. Si tú arriesgas tu propio dinero, el banco se siente más cómodo prestándote el suyo. Así que, si puedes, siempre aporta una parte del capital. Eso te hace ver más comprometido y más sólido.

La presentación personal también cuenta, aunque nadie lo diga abiertamente. Si llegas al banco desorganizado, sin papeles, sin claridad, sin preparación, no importan tus ideas. Te ven como alguien improvisado. Pero si llegas con una carpeta bien hecha, con todos los documentos listos, con un plan impreso y hasta una pequeña presentación, ya estás por encima del promedio. La mayoría de la gente ni siquiera sabe lo que va a decir. Tú, en cambio, llegas como un profesional. Y los bancos prefieren tratar con profesionales.

Recuerda también que todo préstamo es una negociación. No te quedes con la primera oferta. Pregunta por tasas, por plazos, por comisiones, por seguros. Los bancos no suelen explicarlo todo. Tienes que preguntar. A veces puedes mejorar una tasa simplemente negociando. O puedes conseguir mejores condiciones si demuestras que tienes otras opciones. No te presentes como alguien necesitado, sino como alguien que tiene un proyecto sólido y está buscando al socio correcto. Eso cambia todo.

Y si por alguna razón te dicen que no, no te derrumbes. Pide que te expliquen por qué. Aprende. Mejora. Ajusta tu perfil y vuelve a intentarlo. Muchos emprendedores exitosos fueron rechazados la primera vez. Pero no se rindieron. Mejoraron su historial, prepararon mejor su propuesta, y volvieron más fuertes. Pedir dinero al banco es como entrenar un músculo. Cuanto más lo haces, mejor lo haces. Solo necesitas información, estrategia y determinación.

El banco no es tu enemigo. Es una herramienta. Y como toda herramienta, si la usas bien, te puede ayudar a construir cosas grandes. Pero no basta con desearlo. Tienes que saber jugar el juego. Y en este juego, gana el que está mejor preparado. Así que prepárate. Aprende el arte. Porque cuando sabes cómo pedir, no solo te prestan, te abren puertas. Y esas puertas pueden llevarte exactamente a donde quieres llegar.

La Estrategia de los Ricos

Cuando uno observa a los verdaderamente ricos, a esos que tienen empresas, propiedades, inversiones por todos lados, muchas veces se piensa que todo empezó con una gran herencia o un golpe de suerte. Pero lo que muy poca gente ve es la estrategia que hay detrás de ese crecimiento. La mayoría de los ricos no se hicieron ricos trabajando por horas, ni ahorrando cada centavo. Se hicieron ricos porque aprendieron a mover el dinero de forma inteligente. Supieron usar recursos ajenos, en especial el dinero del banco, para multiplicar su patrimonio sin necesariamente tener todo el dinero en el bolsillo. Y esa estrategia no es magia, es conocimiento aplicado una y otra vez, con disciplina y visión a largo plazo.

Los ricos no temen a la deuda. La entienden, la analizan y la usan a su favor. Mientras muchos ven un préstamo como una carga, ellos lo ven como una palanca. Si alguien quiere comprar una propiedad de un millón de dólares, la mayoría de las personas piensa en ahorrar hasta tener un millón. Pero los ricos piensan en cómo poner solo el 20 por ciento, y que el banco cubra el resto. Y con esa propiedad generan ingresos que pagan el préstamo, los impuestos, y además dejan una ganancia. El rico no se descapitaliza, ni espera veinte años para tener el dinero. Se apalanca, compra ahora, y deja que el sistema trabaje para él.

La estrategia de los ricos está basada en tres pilares fundamentales: usar el dinero de otros, crear activos que generen flujo de caja, y repetir el proceso. Cada paso está cuidadosamente pensado para que el dinero trabaje y no se estanque. Por ejemplo, cuando obtienen un préstamo, no lo usan para comprar cosas que pierden valor, como un auto de lujo o ropa cara. Lo usan para comprar activos que generan dinero: inmuebles, negocios, maquinaria, acciones con dividendos, o incluso productos financieros que se multiplican con el tiempo. Lo que compran produce dinero, y ese dinero paga la deuda. Así, no solo conservan su capital inicial, sino que cada activo que adquieren les permite tener más flujo para adquirir otro más. Es una cadena.

Otro detalle muy importante es cómo los ricos se protegen. No hacen todo a su nombre. Usan empresas, sociedades, fideicomisos. No porque quieran esconderse, sino porque entienden que la riqueza debe estar protegida. Si tienes una propiedad a tu nombre y alguien te demanda, pueden quitártela. Pero si está a nombre de una empresa, es más difícil. Además, al tener estructuras empresariales, pueden acceder a préstamos comerciales más grandes, a tasas más bajas y con más beneficios fiscales. Los ricos no improvisan. Tienen equipos legales y contables que los asesoran, y cada movimiento está pensado para minimizar riesgos y maximizar ganancias.

Un punto que muchos ignoran es que los ricos también saben cuándo no usar su dinero. Si alguien les ofrece una gran oportunidad, no corren a vaciar su cuenta. Buscan financiamiento, convencen a otros de invertir con ellos, y logran crecer con recursos de terceros. Es decir, no usan su dinero cuando pueden usar el de otros. Esto no es avaricia, es estrategia. Porque mientras otros usan todo lo que tienen para una sola jugada, ellos hacen cinco jugadas diferentes con dinero prestado, bien controlado, bien planificado. Así crecen mucho más rápido, y diversifican sus riesgos.

Además, los ricos ven el tiempo de manera distinta. La persona promedio busca resultados inmediatos. Si invierten algo hoy, quieren ver ganancia la próxima semana. Pero el rico invierte pensando en años. Sabe que una propiedad puede valer el doble en diez años, que un negocio necesita tiempo para crecer, que un buen trato financiero puede mejorar con la inflación. Piensan como agricultores, no como cazadores. Plantan ahora, riegan con cuidado, y esperan la cosecha. Eso les permite hacer movimientos más sólidos, con menos ansiedad, y con más visión.

Otra parte esencial de su estrategia es que no viven por debajo de sus posibilidades, pero tampoco viven para aparentar. La mayoría de los ricos que usan bien el apalancamiento no son los que ves en redes sociales con relojes caros y autos exóticos. Son los que viven cómodos, sí, pero que destinan gran parte de su energía a seguir creciendo su patrimonio. Saben que su verdadero lujo no está en gastar dinero, sino en tener libertad financiera, en no tener que trabajar si no quieren, en saber que sus inversiones generan ingresos incluso mientras duermen.

Y lo más curioso es que muchos ricos ni siquiera ganan más dinero que la clase media en términos de salario. La diferencia está en qué hacen con ese dinero. La clase media tiende a gastarlo en pasivos: la casa propia, el carro nuevo, las vacaciones a crédito. Los ricos lo invierten en activos. Si ganan diez mil dólares, buscan convertir cinco mil en algo que genere otros quinientos al mes. Y así, con el tiempo, esos pequeños pasos se convierten en una estructura sólida, que crece sola, como una máquina bien aceitada.

La estrategia de los ricos no es secreta. Está a la vista. Lo que pasa es que muchos no quieren o no saben verla. Requiere disciplina, paciencia, estudio y una mentalidad diferente. No es para el que quiere resultados rápidos ni para el que le teme al riesgo. Es para el que entiende que la libertad financiera se construye con inteligencia, no con suerte. Y que el dinero, bien manejado, puede ser un empleado silencioso que trabaja todos los días para ti, sin protestar y sin descansar.

Si quieres aplicar la estrategia de los ricos, no necesitas ser millonario. Necesitas pensar como ellos. Aprender sus reglas, aplicar sus métodos, y tomar decisiones que te acerquen poco a poco a esa forma de vivir. Porque lo más poderoso que tienen los ricos no es el dinero. Es la manera en que piensan. Y eso, si tú quieres, también puede ser tuyo. Solo tienes que empezar a actuar diferente, pensar en activos, usar el apalancamiento de manera inteligente, y nunca dejar de aprender. Porque la riqueza no se trata de cuánto tienes, sino de cómo lo haces crecer.

Tasas, Plazos y Tipos de Crédito

Cuando una persona se acerca a un banco para pedir dinero prestado, se enfrenta a tres elementos que parecen simples, pero que son fundamentales para saber si ese préstamo será un trampolín hacia el crecimiento o una cadena al cuello: la tasa de interés, el plazo del crédito y el tipo de crédito que está solicitando. Esos tres conceptos determinan cuánto vas a pagar, por cuánto tiempo, y qué tan inteligente o peligrosa es tu decisión financiera. Entenderlos no es complicado, pero es clave para no caer en trampas disfrazadas de oportunidades.

La tasa de interés es, en pocas palabras, el precio que pagas por usar dinero que no es tuyo. Es lo que el banco gana por prestártelo. Si pides prestado diez mil dólares a una tasa de interés del diez por ciento anual, eso significa que al cabo de un año, habrás pagado mil dólares solo por el uso del dinero, además del monto original que debes devolver. Ahora bien, muchas personas no se fijan en ese detalle, o lo ven como algo pequeño, pero una tasa de interés mal entendida puede comerse tus ganancias y convertir una inversión rentable en un desastre financiero. Por eso es vital compararlas, entender si son fijas o variables, y calcular cómo se comportarán a lo largo del tiempo.

Una tasa fija es aquella que no cambia durante el plazo del crédito. Lo que pagas hoy será lo mismo que pagarás en cinco o diez años. Es predecible y fácil de planear. En cambio, una tasa variable puede cambiar con el tiempo, dependiendo de las condiciones del mercado, de la inflación o de la política monetaria. Hoy puede ser baja, pero en un par de años puede duplicarse, y eso puede disparar tus cuotas mensuales. Muchos créditos hipotecarios o préstamos comerciales ofrecen tasas variables al inicio, con el gancho de que son más bajas. Pero si no entiendes ese cambio, podrías terminar pagando mucho más de lo que pensabas.

El segundo punto clave es el plazo. El plazo es el tiempo que te dan para devolver el dinero. A mayor plazo, más pequeñas son las cuotas mensuales, pero más intereses pagas en total. A menor plazo, las cuotas son más altas, pero terminas pagando menos intereses. Aquí está el truco: mucha gente se deja llevar por la cuota baja, porque le parece más cómoda, pero no se da cuenta de que eso significa que estará pagando intereses durante más años, y que al final habrá pagado casi el doble de lo que pidió. Por ejemplo, un crédito hipotecario a treinta años puede parecer ligero al mes, pero si comparas con uno a quince años, la diferencia en lo que pagas al final puede ser abismal.

Por eso, cuando piensas en el plazo, no solo pienses en cuánto puedes pagar hoy, sino en cuánto quieres pagar en total. Un empresario que entiende de finanzas siempre busca acortar los plazos, incluso si las cuotas son más altas, porque sabe que así libera su flujo de dinero en el futuro y paga menos al banco. Además, cuanto más rápido termines de pagar un crédito, más rápido puedes tomar otro para seguir creciendo.

Ahora hablemos del tipo de crédito. No todos los préstamos son iguales. Hay créditos personales, créditos hipotecarios, préstamos comerciales, leasing, líneas de crédito, entre otros. Cada uno tiene su propósito, sus condiciones y su estructura. El crédito personal, por ejemplo, es rápido y sin muchos requisitos, pero suele tener tasas de interés más altas, porque el banco asume más riesgo. Es ideal para una emergencia o un gasto puntual, pero no para financiar un negocio o una inversión a largo plazo.

El crédito hipotecario es específico para comprar propiedades. Tiene tasas más bajas y plazos largos, porque el inmueble queda como garantía. Este tipo de crédito es ideal si planeas invertir en bienes raíces. Pero debes cuidar no pagar más por la propiedad de lo que realmente vale, ni caer en hipotecas con condiciones poco claras. Siempre debes tener en cuenta el costo total, no solo la cuota mensual.

El préstamo comercial es para empresas. Puede usarse para comprar maquinaria, contratar personal, ampliar operaciones o invertir en inventario. Estos préstamos pueden ser más grandes y tener condiciones flexibles, pero requieren demostrar que el negocio genera ingresos estables. Aquí es donde los bancos quieren ver proyecciones, estados financieros, flujo de caja. Si sabes presentar tu negocio de forma profesional, puedes acceder a mejores montos y mejores tasas.

También existe el leasing, que es una especie de alquiler con opción de compra. Se usa mucho para vehículos o maquinaria. No compras directamente el bien, sino que lo usas pagando una cuota, y al final puedes comprarlo por un valor residual. Es útil si no quieres hacer una gran inversión inicial, pero necesitas el equipo ya. En muchos países el leasing tiene ventajas fiscales, porque puedes deducirlo como gasto operativo. Los ricos lo usan todo el tiempo para no inmovilizar su dinero.

Otro producto muy interesante es la línea de crédito. No es un préstamo como tal, sino un límite de dinero que el banco te da para usar cuando lo necesites. Solo pagas intereses por el dinero que realmente usas, no por todo el monto aprobado. Es como una tarjeta de crédito, pero en formato empresarial o personal. Tener una línea de crédito disponible te da tranquilidad y flexibilidad. Sirve para cubrir imprevistos, aprovechar oportunidades rápidas o mantener liquidez sin necesidad de pedir un nuevo préstamo cada vez.

Cada tipo de crédito tiene su lugar, y no se trata de cuál es mejor, sino de cuál es más adecuado para lo que estás intentando lograr. El error común es usar un tipo de crédito para lo que no fue diseñado. Por ejemplo, usar un préstamo personal con tasa alta para financiar una inversión inmobiliaria a largo plazo, o usar una tarjeta de crédito para cubrir gastos operativos de un negocio sin control. Eso solo lleva a una bola de nieve difícil de manejar.

Lo más importante en todo esto es entender que el crédito no es malo. Es una herramienta. Lo que puede ser malo es el uso que le das. Si conoces las tasas, eliges bien el plazo, y usas el tipo de crédito adecuado para tu objetivo, entonces estás usando el sistema financiero a tu favor. Estás jugando con las reglas de los grandes. Pero si tomas decisiones sin pensar, guiado solo por la necesidad o la emoción del momento, terminas atrapado en un ciclo de deudas que te quita libertad.

En resumen, cada vez que vayas a tomar un crédito, hazte estas preguntas: ¿cuánto voy a pagar realmente, con intereses incluidos? ¿Cuál es el plazo más corto que puedo asumir sin ahogarme? ¿Estoy usando el tipo de crédito correcto para mi objetivo? Si respondes con claridad, estarás tomando una decisión consciente. Y eso, en el mundo del dinero, es lo que marca la diferencia entre avanzar y estancarte. Porque los bancos están para prestar, pero tú eres quien decide si el préstamo te empuja hacia arriba o te arrastra hacia abajo.

Cómo Engordar tu Perfil Crediticio como un Empresario Millonario

Tener un buen perfil crediticio es como tener un currículum brillante en el mundo financiero. Es lo que los bancos ven cuando decides pedir dinero. Si tu perfil es débil, desordenado o muestra que no sabes manejar deudas, te cerrarán las puertas o te prestarán poco y con intereses altísimos. Pero si tu perfil está engordado como el de un empresario millonario, los bancos te buscarán, te ofrecerán condiciones especiales y te abrirán líneas de crédito que puedes usar para multiplicar tu riqueza. El truco está en construir ese perfil con estrategia, paciencia y mucha inteligencia.

Para empezar, hay que entender que tu historial crediticio es un reflejo de cómo manejas el dinero ajeno. No importa si tienes millones en efectivo guardados bajo el colchón. Si nunca has pedido un préstamo, para el banco no existes. Y si has pedido y pagado mal, existes, pero como un cliente riesgoso. La buena noticia es que cualquier persona, incluso desde cero, puede construir un perfil sólido en unos pocos años si sigue los pasos adecuados. Y lo mejor es que no necesitas tener mucho dinero, solo disciplina y visión.

El primer paso para engordar tu perfil crediticio es empezar a tener crédito. Muchos piensan que lo mejor es evitar las deudas, nunca usar una tarjeta y vivir solo con efectivo. Pero eso no construye historial. Es como querer tener músculos sin ir nunca al gimnasio. Para tener un buen historial tienes que usar el crédito, aunque no lo necesites. Abre una tarjeta, úsala para tus gastos normales, y págala a tiempo. Hazlo cada mes. No se trata de endeudarte, sino de mostrar que sabes usar el crédito y que eres confiable. Esa rutina es como levantar pesas para tu puntaje de crédito.

Ahora bien, no se trata solo de tener una tarjeta. Se trata de tener varias cuentas de crédito diferentes y manejarlas bien. Los bancos miran tu mezcla de créditos. Quieren ver que manejas tarjetas, préstamos, tal vez un crédito automotriz o una hipoteca, y que en todas partes pagas a tiempo. Esto les dice que no solo sabes controlar una deuda pequeña, sino que eres capaz de llevar varias al mismo tiempo sin problemas. Esa diversidad fortalece tu perfil como empresario. No eres alguien improvisado, sino alguien que sabe jugar el juego financiero.

Un empresario millonario no solo tiene crédito personal, también tiene crédito empresarial. Y ese es un paso muy importante. Tienes que separar tus finanzas personales de las de tu negocio. Crea una empresa legalmente constituida. Regístrala, abre una cuenta bancaria a nombre de la empresa y empieza a generar actividad desde ahí. Aunque al principio seas tú solo manejando todo, desde el punto de vista del banco ya eres una entidad separada, y eso te da acceso a otro mundo de crédito.

Una vez tienes tu empresa legal y activa, empieza a pedir pequeños créditos a nombre de la empresa. Puedes abrir una tarjeta empresarial o pedir una línea de crédito pequeña. Págala puntualmente. Repite el proceso varias veces, y en pocos meses tu empresa empieza a tener su propio historial crediticio. El banco ahora ve no solo tu perfil personal, sino el de tu negocio. Y si los dos son sólidos, las oportunidades se multiplican. Es como tener dos brazos para cargar dinero, en lugar de uno.

Además, algo que muy pocos hacen pero que tiene mucho peso en tu perfil es pedir aumentos de línea de crédito de forma estratégica. Si tienes una tarjeta con un límite de mil dólares, y la usas bien durante unos meses, pide al banco que te suba el límite. Ellos lo harán si ven que eres buen pagador. No necesitas usar todo ese nuevo límite, pero tenerlo disponible mejora tu ratio de utilización, que es uno de los factores clave en el puntaje crediticio. Mientras más crédito tengas disponible y menos uses, mejor se ve tu perfil. Es como tener un estadio entero para ti solo y usar solo un rincón. Eso impresiona.

Otro detalle que hace una gran diferencia es el tiempo. La antigüedad de tus cuentas también es importante. Por eso nunca cierres tus tarjetas más viejas, aunque ya no las uses. Mantenerlas abiertas muestra al banco que llevas años con una relación financiera sólida. Si cierras cuentas antiguas, acortas tu historial y puedes perder puntos. Lo mismo pasa con tus cuentas empresariales. Mantenlas activas, haz movimientos, incluso si son pequeños. El banco quiere ver vida, movimiento, consistencia.

Una técnica poco conocida pero muy poderosa es convertirte en usuario autorizado de una tarjeta con buen historial. Si tienes un familiar o amigo con una tarjeta antigua, bien manejada, y buen límite, pídele que te agregue como usuario autorizado. Esa cuenta aparecerá en tu historial como si fuera tuya, y heredarás su antigüedad y su buen comportamiento. No necesitas usarla. Solo estar ahí. Es una forma rápida de darle un empujón fuerte a tu perfil crediticio, especialmente si estás comenzando.

Por último, no te olvides de monitorear tu historial. Muchos errores aparecen ahí sin que te des cuenta. Pagos mal registrados, cuentas que no te pertenecen, o información desactualizada. Revisa tu reporte al menos una vez al año y reclama cualquier error que encuentres. Cuida tu historial como cuidas tu reputación, porque de él depende que el banco te vea como un cliente común o como un empresario millonario en construcción.

Construir un perfil crediticio fuerte no es cuestión de suerte ni de tener millones. Es una estrategia. Empieza pequeño, pero con visión de grande. Usa el crédito, no para gastar, sino para demostrar que sabes manejarlo. Separa tus finanzas personales de las del negocio. Diversifica tus productos de crédito. Pide aumentos de línea. Mantén la antigüedad. Conviértete en usuario autorizado. Y revisa tus reportes. Haz eso durante uno o dos años, y te sorprenderás de cómo cambia la forma en que los bancos te miran. Ya no te verán como alguien que necesita ayuda. Te verán como un socio estratégico. Y cuando los bancos quieren asociarse contigo, estás a un paso de jugar en la liga de los grandes.

La Estrategia del Dinero Infinito

Imagina tener una fuente de dinero que nunca se acaba. No porque tengas millones guardados, sino porque sabes cómo hacer que el dinero regrese a ti una y otra vez, como un búmeran. Eso es la estrategia del dinero infinito. No es magia, ni un mito reservado para multimillonarios, es una forma inteligente y estructurada de usar el dinero de otros, especialmente el de los bancos, para hacer crecer tu riqueza de manera constante. Esta estrategia es tan poderosa que quienes la entienden ya no piensan en ahorrar dinero, sino en cómo moverlo, usarlo, multiplicarlo y volver a recuperarlo, una y otra vez.

La base de todo es entender que el dinero no está hecho para quedarse quieto. El dinero es como el agua: si se estanca, se pudre; si fluye, da vida. El dinero que tienes en el banco, guardado sin hacer nada, pierde valor cada día por culpa de la inflación. Pero si ese dinero se invierte de forma estratégica, puede generar más dinero, que a su vez se puede volver a invertir. Así comienza el ciclo. Y lo mejor es que ni siquiera tienes que usar tu propio dinero para arrancar este sistema. Puedes usar el dinero del banco, devolverlo, y quedarte con la ganancia. Eso es apalancamiento. Y cuando se hace bien, es la fórmula para tener dinero infinito.

El secreto está en crear un sistema cerrado donde el dinero entra, se multiplica y luego regresa al mismo punto para volver a empezar. Uno de los mejores ejemplos de esta estrategia es el mundo de los bienes raíces. Supongamos que compras una propiedad usando un préstamo bancario. Pones un pequeño enganche, el banco te presta el resto. Arreglas la propiedad, la arriendas y generas ingresos mensuales. Con esos ingresos pagas la cuota del banco y aún te queda una ganancia. Después de un tiempo, esa propiedad sube de valor. Haces una refinanciación, es decir, pides un nuevo préstamo sobre el valor actual, sacas una parte en efectivo, y con ese dinero compras otra propiedad. Repites el proceso. Y ahora tienes dos activos generando flujo de caja. Eso es dinero que vuelve, se reinvierte y se multiplica.

Lo que pocos entienden es que en este juego, el capital inicial se recicla. No tienes que empezar de nuevo desde cero cada vez.

El mismo dinero que pusiste una vez puede dar vueltas indefinidas si sabes cómo usarlo. Lo importante es no sacar el dinero para gastarlo en lujos o caprichos, sino reinvertirlo siempre en activos que generen más ingresos. Por eso se llama dinero infinito. Porque, en teoría, nunca se detiene. Una propiedad lleva a otra. Un negocio bien estructurado lleva a otro. Una inversión rentable alimenta la siguiente. Todo se retroalimenta, como una máquina que no para de funcionar.

Otro ejemplo muy poderoso es usar una línea de crédito para financiar una oportunidad de negocio rápida. Supongamos que ves una compra de productos al por mayor que puedes revender al triple en pocos días. Usas una línea de crédito del banco para hacer la compra, vendes rápido, devuelves el dinero al banco y te quedas con la utilidad. Esa utilidad no es deuda. Es tuya. Y si repites este ciclo muchas veces al año, puedes generar grandes sumas sin haber puesto ni un peso tuyo. Es velocidad, inteligencia y estrategia. El dinero no tiene que ser tuyo para trabajar a tu favor.

Esta estrategia también funciona en el mundo empresarial. Los empresarios exitosos no financian sus negocios con su propio dinero. Buscan inversionistas, bancos, socios financieros. Lo importante es que el negocio funcione, que genere flujo, que se pueda escalar. Si tú puedes demostrarle al banco que el dinero que te presta va a generar ingresos sólidos y suficientes para pagarlo y además dejar una ganancia, no habrá razón para que te nieguen un préstamo. Ellos quieren prestarte, porque tú les generas interés. Pero tú ganas más, porque el dinero del banco te hizo ganar dinero sin haberlo tenido.

En esta fórmula es clave entender que el tiempo y la confianza lo son todo. No puedes pretender aplicar la estrategia del dinero infinito si no tienes orden financiero, si no pagas a tiempo, si no entiendes los plazos, los intereses y los riesgos. Necesitas construir una buena relación con los bancos, tener historial, mostrar que sabes manejar el crédito. Esa reputación te da acceso a mejores condiciones, líneas de crédito más grandes y oportunidades más jugosas. Y entre más grande sea tu red financiera, más dinero podrás mover sin necesidad de usar el tuyo.

Ahora bien, hay que tener cuidado. No se trata de endeudarse sin sentido, ni de meterse en proyectos dudosos. El dinero infinito solo funciona si el flujo es constante. El ingreso debe ser mayor que el gasto. Siempre. Cada préstamo debe estar respaldado por una fuente real de ingresos que lo pague. Si te sales de ese principio, el sistema se cae. Por eso la educación financiera es tan importante. No puedes aplicar esta estrategia si no sabes exactamente cómo funciona el dinero, cómo operan los bancos, cómo evaluar una inversión o cómo calcular tu retorno.

La estrategia del dinero infinito es, en esencia, una forma de pensar. Es dejar de ver el dinero como un objeto que se guarda y empezar a verlo como una herramienta que se mueve. Es pensar como empresario, no como consumidor. Es usar el sistema a tu favor, entender sus reglas y jugar inteligentemente. Es entender que el dinero más poderoso no es el que tienes, sino el que sabes pedir, manejar y multiplicar.

Una vez dominas esta forma de pensar, tu vida cambia. Ya no sueñas con ahorrar durante años para comprar una casa. Piensas en cómo financiar cinco casas en cinco años. Ya no te preocupa tanto ganar más sueldo, sino encontrar activos que trabajen por ti. Ya no te da miedo pedir dinero, porque sabes exactamente qué hacer con él. Y cuando llegas a ese punto, el dinero deja de ser un problema. Se convierte en un socio. Y ese socio, si lo sabes tratar bien, nunca se cansa de trabajar para ti. Así es como se construye el verdadero dinero infinito.

La Banca Privada y las Oportunidades Ocultas

Cuando la gente piensa en un banco, suele imaginar una sucursal con una fila larga, una ventanilla, y alguien depositando dinero o pagando una factura. Pero lo que casi nadie ve es que, detrás de esa fachada pública, existe otro mundo completamente diferente. Un mundo silencioso, reservado y exclusivo, donde no hay filas, donde los clientes no necesitan pedir permiso para ser atendidos, y donde el dinero se mueve con otra lógica. Ese mundo se llama banca privada, y es donde los bancos realmente muestran su poder y su estrategia más sofisticada. La banca privada es como un club VIP donde el acceso depende del patrimonio, del perfil financiero y, sobre todo, del potencial que tengas para mover dinero de forma rentable.

Lo interesante es que no necesitas ser multimillonario para tocar esa puerta. En muchos casos, solo necesitas demostrar que sabes lo que haces con tu dinero. Los bancos no solo buscan grandes fortunas, también buscan clientes con mentalidad empresarial, personas que estén en camino de crecer, que tengan proyectos sólidos y ambición. La banca privada está diseñada para ayudarte a multiplicar tu dinero, pero ellos también ganan, así que su interés es que tú crezcas. Si tú creces, ellos también. Esa es la regla no escrita.

En la banca tradicional, eres un cliente más. En la banca privada, te tratan como socio. El lenguaje cambia, la atención es personalizada, te asignan un asesor exclusivo que entiende tu negocio, tus planes, tus objetivos. Este asesor no solo está para ayudarte a mover tu dinero, sino para presentarte oportunidades que no aparecen en la banca común. Te habla de inversiones alternativas, de portafolios personalizados, de proyectos privados, de opciones fuera del radar tradicional. Muchas de las mejores oportunidades financieras del mundo no están anunciadas al público, sino que circulan en este mundo cerrado, donde se cuidan las relaciones, la información y la discreción.

Una de las grandes ventajas de estar dentro de la banca privada es el acceso anticipado a inversiones. Por ejemplo, hay fondos inmobiliarios, bonos privados o startups tecnológicas que se abren solo a ciertos inversionistas. No lo verás en una página web ni en una publicidad. Te lo cuenta tu asesor porque sabe que es una oportunidad que encaja contigo. El banco te ofrece participar antes que los demás, incluso con condiciones especiales. ¿Por qué? Porque saben que tú tienes capacidad, historial y visión. Saben que no eres un ahorrador temeroso, sino un constructor de patrimonio.

Además, la banca privada te permite acceder a créditos mucho más flexibles y poderosos. Mientras en la banca tradicional te piden papeles, garantías, explicaciones y muchas veces te rechazan por detalles menores, en la banca privada todo se maneja con otra lógica. Ya conocen tu perfil. Ya saben cómo manejas el riesgo. Muchas veces los créditos se aprueban por confianza y trayectoria, más que por reglas duras. Puedes obtener líneas de crédito millonarias con tasas preferenciales, plazos especiales y estructuras personalizadas. Esto te da una ventaja competitiva enorme. Te permite moverte rápido cuando aparece una buena oportunidad, sin depender de procesos lentos y burocráticos.

Otra ventaja poderosa es la planificación patrimonial. En la banca privada no solo te ayudan a invertir, también te enseñan a proteger y organizar tu patrimonio. Te ayudan a crear estructuras legales y fiscales que te permitan optimizar impuestos, blindar tus bienes, planificar herencias, y distribuir tu riqueza de forma inteligente. Esto es clave si estás construyendo un negocio grande, si tienes propiedades o si estás pensando en crecer internacionalmente. No basta con ganar dinero. Hay que aprender a conservarlo y a ponerlo a trabajar con reglas inteligentes. Y ese conocimiento está dentro de la banca privada, no afuera.

Ahora, muchos se preguntan cómo llegar ahí. ¿Cómo pasar de ser un cliente común a ser parte de ese mundo exclusivo? El primer paso es tener mentalidad de inversionista. Deja de pensar como consumidor. Empieza a organizar tu dinero como una empresa. Mantén tus cuentas claras, tus impuestos al día, tus créditos limpios. Construye relaciones con los bancos, no solo para pedir, sino para mostrar tu potencial. Si tienes un negocio, preséntalo como un proyecto serio.

Si tienes inversiones, documenta bien tus retornos. Si usas crédito, úsalo para crecer, no para sobrevivir. En poco tiempo, si haces las cosas bien, el banco se va a dar cuenta. Te llamarán. Te invitarán a una reunión especial. O, si eres más proactivo, tú mismo puedes pedir ser evaluado para banca privada. No todos califican, pero si lo haces, las puertas se abren.

También hay que entender que la banca privada funciona mucho por recomendación. Las relaciones valen oro. Si conoces a alguien que ya está dentro, pídele que te presente. Si trabajas con un contador, abogado o asesor financiero, pregúntale si tiene conexión con ese mundo. A veces, una buena referencia abre la puerta más rápido que un millón de pesos en la cuenta. Porque en ese mundo, lo que cuenta no es solo el dinero, sino la confianza.

Por eso, no subestimes el valor de educarte, de presentarte bien, de tener visión a largo plazo. La banca privada es una herramienta poderosa, pero no es para el que quiere hacerse rico rápido. Es para el que quiere crecer con inteligencia, proteger lo que construye y multiplicarlo sin exponerlo a riesgos innecesarios. Es un juego de estrategia, de relaciones y de información privilegiada.

En resumen, la banca privada no es un mito inalcanzable. Es una oportunidad real que está ahí para quien esté dispuesto a prepararse, a jugar bien sus cartas y a construir una relación sólida con el sistema financiero. Dentro de ese mundo, hay herramientas, recursos y oportunidades que pueden cambiar por completo tu velocidad de crecimiento económico. No necesitas ser millonario para entrar. Pero sí necesitas pensar como uno. Porque en la banca privada, no solo se maneja dinero. Se maneja poder. Y si sabes usarlo, ese poder puede estar de tu lado.

Errores Fatales al Usar el Dinero del Banco

Cuando uno aprende que puede usar el dinero del banco para crecer, la emoción puede nublar el juicio. Es fácil pensar que se tiene el control solo por haber conseguido una línea de crédito, un préstamo o una hipoteca. Pero aquí es donde muchos tropiezan. Usar dinero del banco sin estrategia, sin conocimiento y sin visión clara puede ser como manejar un Ferrari sin saber frenar. En lugar de avanzar hacia la riqueza, muchos terminan chocando contra un muro de deudas, intereses y estrés financiero. Por eso es clave entender los errores más comunes que la gente comete al usar el dinero del banco. Errores que parecen pequeños al principio, pero que con el tiempo se convierten en trampas mortales.

El primer error fatal es usar el dinero del banco para cosas que no generan retorno. Es decir, para comprar cosas que se deprecian o que solo satisfacen un deseo momentáneo. Por ejemplo, pedir un crédito para cambiar de celular, comprar un televisor nuevo, hacer un viaje o incluso para pagar otras deudas. Eso es usar deuda mala. Cuando usas dinero prestado para consumir, estás hipotecando tu futuro por algo que no te va a devolver nada. Y lo peor es que pagas ese lujo con intereses. Es como si compraras el mismo producto, pero dos o tres veces más caro, solo por no haber tenido paciencia o por no planear bien.

El segundo error grave es no entender las condiciones del crédito. Mucha gente firma sin leer. O lee, pero no entiende. O entiende, pero no pregunta. Y luego se sorprenden al ver que las cuotas suben, que los intereses son variables o que hay comisiones escondidas. Antes de aceptar dinero del banco, hay que estudiar todo con lupa. Saber si el interés es fijo o variable. Entender qué pasa si te atrasas. Saber si hay penalizaciones por pagar antes de tiempo. Algunos préstamos tienen condiciones disfrazadas de oportunidades. Lo que parece fácil al inicio puede volverse una carga muy pesada con el tiempo. Y ahí es cuando ya no hay marcha atrás.

Otro error común es depender demasiado del dinero prestado. Es decir, construir todo tu negocio, tu vida o tus planes con dinero ajeno. El apalancamiento es una herramienta poderosa, sí, pero hay que usarla con equilibrio. Si todo lo que tienes es del banco, en realidad no tienes nada. Si tu negocio solo funciona porque estás usando deuda para mantenerlo vivo, entonces estás parado sobre una bomba de tiempo. Un cambio en el mercado, un aumento en la tasa de interés o una baja en tus ingresos puede hacer que todo se derrumbe. Y cuando eso pasa, el banco no te va a abrazar. Va a cobrarte. Y si no puedes pagar, va a tomar lo que tengas.

También hay que mencionar el error de no tener un plan de salida. Muchos piden dinero sin saber exactamente cómo lo van a devolver. Solo piensan en el presente, en conseguir lo que quieren ahora, pero no se proyectan. Cada vez que tomes dinero prestado, debes tener claro cómo lo vas a multiplicar y cómo vas a devolverlo. Si no tienes un plan realista, detallado y medido en tiempos y números, entonces no estás usando el dinero del banco. Estás jugando con fuego. Y tarde o temprano te vas a quemar.

Otro error muy frecuente es no separar las finanzas personales de las del negocio. Esto es típico de pequeños empresarios que mezclan su cuenta personal con la cuenta de la empresa. Piden dinero para el negocio, pero lo usan para pagar gastos personales. O al revés, se endeudan personalmente para tapar huecos en la empresa. Eso crea un desorden que impide crecer y genera confusión financiera. Además, cuando llega el momento de presentarte ante el banco para un nuevo crédito, tu perfil se ve débil, porque no pueden entender cómo realmente manejas tu dinero. Tener las finanzas ordenadas y separadas es una muestra de madurez financiera. Sin eso, es difícil que un banco te tome en serio a largo plazo.

También está el error de crecer demasiado rápido solo porque el banco te prestó. Hay quienes reciben una gran línea de crédito y sienten que tienen una mina de oro en las manos. Se expanden sin control, contratan más gente, abren nuevas sucursales, compran equipos costosos, sin tener aún una base sólida. Esto puede parecer éxito, pero en realidad es un crecimiento inflado, artificial. Y cuando las ventas no alcanzan para cubrir los gastos y pagar la deuda, el castillo se desmorona. Hay que crecer con estrategia, no con ego. El dinero del banco no es para inflarte, es para apalancarte con inteligencia.

Finalmente, uno de los errores más destructivos es el de no pedir ayuda o asesoría. Muchos piensan que usar el dinero del banco es solo cuestión de firmar y pagar. Pero hay todo un arte y una ciencia detrás del crédito inteligente. Existen asesores financieros, contadores, consultores de negocios que pueden ayudarte a planear bien el uso de la deuda. También puedes aprender por tu cuenta, leer, estudiar casos, analizar números. Pero si no haces ni una cosa ni la otra, entonces estás tomando decisiones importantes con los ojos cerrados. Y eso es peligroso. Porque el banco no va a perdonarte por ignorancia. Si no puedes pagar, vas a enfrentar las consecuencias, sepas o no cómo funciona el sistema.

Usar el dinero del banco puede ser la palanca que te impulse al siguiente nivel. Pero también puede ser el ancla que te hunda si no sabes manejarla. No se trata de tenerle miedo al crédito, sino de respetarlo. De entender que es una herramienta, no un premio. Que está diseñado para multiplicar tu dinero si lo usas con cabeza fría, con visión clara y con disciplina. Cada vez que tomes una decisión financiera, pregúntate: ¿esto me va a dar más de lo que me cuesta? ¿Estoy invirtiendo o estoy comprando un problema disfrazado de oportunidad? ¿Estoy creciendo o solo aparentando que crezco?

La mayoría de los errores fatales al usar el dinero del banco vienen de no tener una estrategia, de actuar por impulso, por emoción o por desconocimiento. Pero si te tomas el tiempo de aprender, de planear y de actuar con inteligencia, entonces el crédito deja de ser un riesgo y se convierte en una ventaja. Una ventaja que muy pocos saben usar bien, pero que tú puedes dominar si decides hacerlo con seriedad y compromiso. Porque en el mundo del dinero, los que ganan no son los que piden más, sino los que saben exactamente qué hacer con lo que piden.

Conviértete en Tu Propio Banco

La idea de convertirse en tu propio banco puede sonar extraña al principio. Después de todo, cuando piensas en un banco, imaginas un edificio enorme, con columnas de mármol, cajeros automáticos, ejecutivos trajeados y bóvedas llenas de dinero. Pero ser tu propio banco no tiene nada que ver con abrir una sucursal o emitir tarjetas de crédito. Tiene que ver con tomar el control total de tu dinero. Significa dejar de depender de los bancos tradicionales cada vez que necesitas capital. Significa que tú puedes prestar, tú puedes invertir, tú puedes crecer, usando tus propios recursos como lo haría una entidad financiera. Y esto no es una fantasía ni una idea romántica. Es una estrategia muy real que usan personas inteligentes y empresarios exitosos para construir su riqueza desde cero.

Para empezar, lo primero que tienes que entender es cómo funciona el banco contigo. El banco toma tu dinero, el dinero que tú depositas en tu cuenta de ahorros o corriente, y lo presta a otras personas. Les cobra intereses. A ti te da un pequeño porcentaje por tu ahorro, pero al que le presta le cobra muchísimo más. Ese es su negocio. Ganar dinero con el dinero de otros. Entonces, si tú tienes dinero, y ese dinero solo está guardado, inmóvil, sin hacer nada por ti, entonces estás perdiendo una oportunidad. Tu dinero tiene que estar en movimiento, produciendo. Eso es lo que hacen los bancos, y eso es lo que tú puedes empezar a hacer por tu cuenta.

Convertirte en tu propio banco comienza con un cambio de mentalidad. Ya no ves tu dinero solo como algo para gastar. Lo ves como una herramienta para generar más dinero. Empiezas a crear un fondo personal que tiene una misión clara: financiar tus propios proyectos, invertir en oportunidades, ayudarte a crecer, en vez de recurrir a un banco externo. No necesitas millones para hacerlo. Puedes comenzar con lo que tengas. Lo importante es entender el principio: si en vez de pedirle prestado a un banco, te prestas a ti mismo, ahorras los intereses y multiplicas tu patrimonio.

Un ejemplo muy sencillo. Imagina que necesitas comprar un coche para tu negocio. Podrías ir al banco y pedir un préstamo. Ellos te prestan, pero te cobran intereses, comisiones y te exigen garantías. Al final, ese coche te cuesta mucho más de lo que vale. Ahora imagina que en lugar de eso, tú te prestas a ti mismo. Has venido construyendo un fondo personal durante años, disciplinadamente, y ahora puedes tomar ese dinero, comprar el coche, y luego devolver ese dinero a tu propio fondo mes a mes, con intereses si quieres. Estás actuando como tu propio prestamista. No solo no perdiste con los intereses, sino que mantuviste la disciplina de devolverte ese capital, para seguir usándolo en el futuro.

Ser tu propio banco también implica tener una estructura. No basta con guardar el dinero debajo del colchón. Necesitas organizarlo, asignar propósitos, ponerle reglas, tratarlo con seriedad. Hay quienes abren una cuenta aparte, exclusiva para su “banco personal”. A ese fondo le ponen un nombre, le definen objetivos, y le destinan un porcentaje fijo de sus ingresos cada mes. Poco a poco, ese fondo crece. Y con el tiempo, puedes usarlo para apalancar inversiones, crear negocios, cubrir emergencias, o simplemente para evitar recurrir al crédito costoso. Cada vez que uses tu fondo, lo documentas. Anotas cuánto tomaste, para qué lo usaste, y cómo vas a devolverlo. Porque si tú no respetas tu propio banco, nadie más lo hará.

Una forma avanzada de esta estrategia es utilizar vehículos financieros como seguros de vida enteros, cuentas de inversión o estructuras empresariales que te permitan guardar capital con ventajas fiscales y al mismo tiempo tener acceso a ese dinero cuando lo necesites. Algunas personas en Estados Unidos, por ejemplo, usan pólizas de seguro de vida que acumulan valor en efectivo. Este valor puede ser prestado por el dueño, como si se prestara a sí mismo, y luego devuelto al fondo. El dinero nunca salió del sistema, solo cambió de uso por un tiempo. Mientras tanto, sigue creciendo. Esta es una forma sofisticada de bancarizarse uno mismo, y es totalmente legal. El secreto está en aprender cómo funciona el sistema y usar sus reglas a tu favor.

Cuando tú te conviertes en tu propio banco, algo cambia en tu forma de ver el dinero. Ya no te sientes un esclavo de los bancos. Ya no ves las deudas como una necesidad.

Empiezas a pensar como una institución financiera. Analizas riesgos. Evalúas retorno. Tomas decisiones frías, basadas en números, no en impulsos. Porque ahora tu dinero tiene un propósito, y tú eres el que lo dirige. Esto no solo te da poder financiero, también te da libertad mental. Te sientes en control. Y eso vale más que cualquier tarjeta de crédito aprobada.

Pero ojo, ser tu propio banco no significa encerrarte en una caja y nunca pedir un crédito. Significa tener opciones. Significa que puedes decidir cuándo usar el dinero del banco y cuándo no. Que puedes negociar desde una posición de fuerza. Que no estás desesperado por un préstamo porque tienes tu propio sistema. Y cuando llegue una oportunidad grande, puedes apalancarte con sabiduría. Porque el banco no es malo. El problema es usarlo sin estrategia. Y si ya tienes tu base sólida, entonces el dinero externo puede ayudarte a escalar más rápido.

Para lograr esto necesitas tres cosas. La primera es disciplina. Porque si no eres capaz de ahorrar de manera constante, no vas a construir nada. La segunda es educación. Tienes que aprender sobre finanzas, inversiones, contabilidad básica, impuestos, estructuras legales. No necesitas ser un experto, pero sí entender cómo se mueve el dinero. Y la tercera es visión. Tienes que saber hacia dónde vas. Qué quieres construir. Para qué estás acumulando ese capital. Si no tienes una meta clara, el dinero se va en tonterías. Pero si sabes lo que quieres, tu banco personal se convierte en tu mejor aliado.

El camino para ser tu propio banco no es rápido ni fácil. Pero sí es posible, y más poderoso de lo que muchos imaginan. Es un acto de independencia financiera. Es una declaración personal de que no vas a vivir pidiendo permiso para crecer. Vas a construir tu sistema. Vas a convertir tu dinero en una máquina que trabaja para ti. Y si lo haces bien, con el tiempo, ya no necesitarás ir al banco. El banco vendrá a ti. Porque ellos saben cuando alguien domina el juego. Y cuando tú te conviertes en tu propio banco, no solo ganas dinero. Ganas respeto, control, y sobre todo, libertad.

www.ingramcontent.com/pod-product-compliance
Lightning Source LLC
LaVergne TN
LVHW060255051026
849517LV00003B/813
* 9 7 9 8 2 3 1 9 3 1 1 8 7 *